AF552290

DANIIL CHARMS

ZIRKUS ŠARDAM

Aus dem Russischen
von Peter Urban

Illustriert
von Horst Hussel

Mit einem Nachwort
von Polina Barskova

FRIEDENAUER PRESSE

INHALT

ZIRKUS ŠARDAM

Vertumnos

I.
AKT

Vertunov seufzt, sitzt auf dem Proszenium, stützt den Kopf in die Hand, seufzt wieder. Auf die Bühne heraus tritt der Direktor. Die Musik spielt. Der Direktor verbeugt sich. Die Musik verstummt.

DIREKTOR *ins Publikum* Guten Tag.
VERTUNOV *traurig* Auf Wiedersehn.
DIREKTOR *ins Publikum* Wer hat da gesagt »Auf Wiedersehn«? Hat das niemand gesagt? Na schön ...

VERTUNOV *seufzend* Nein, nicht schön ...

DIREKTOR Wer hat da gesagt »nicht schön«? Hat das niemand gesagt? So-oo ...

VERTUNOV Nein, nicht so ...

DIREKTOR Aber was ist denn das?

VERTUNOV Och-och-och.

DIREKTOR Wer seufzt da? Wo ist er? Vielleicht unter dem Stuhl? Nein. Vielleicht hinter dem Stuhl? Auch nicht. He, hören Sie! Wo sind Sie?

VERTUNOV Ich bin hier.

DIREKTOR Was machen Sie hier?

VERTUNOV Nichts mache ich, ich sitze einfach hier.

DIREKTOR Warum stören Sie uns?

VERTUNOV Ich störe niemanden.

DIREKTOR Natürlich stören Sie, wenn Sie mich nicht sprechen lassen.

VERTUNOV Sprechen Sie ruhig, sprechen Sie.

DIREKTOR Hören Sie! Wissen Sie denn nicht, dass das hier der Puppenzirkus ist und wir mit unserer Vorstellung beginnen müssen? Und Sie sitzen hier.

VERTUNOV *springt auf* Der Puppenzirkus! Und ich suche Sie schon seit über vier Wochen!

Ich dachte, ich würde Sie niemals finden! Ist das eine Freude! Nein, erlauben Sie, ich muss Sie küssen! *Küsst den Direktor.*

DIREKTOR *reißt sich los* Erlauben Sie, erlauben Sie. Wer sind Sie, und was wollen Sie?

VERTUNOV Ich heiße Vertunov, und ich will bei Ihnen auf der Bühne auftreten.

DIREKTOR Und was werden Sie auf der Bühne machen?

VERTUNOV Was Sie befehlen, das werde ich machen.

DIREKTOR Hm ... Können Sie auf dem Drahtseil gehen?

VERTUNOV Nein, auf dem Drahtseil gehen kann ich nicht.

DIREKTOR Hm. Und können Sie auf den Händen gehen?

VERTUNOV Nein, das kann ich auch nicht.

DIREKTOR Hm ... Was können Sie denn dann?

VERTUNOV Sehen Sie, ich kann fliegen.

DIREKTOR Fliegen? Wie meinen Sie das, fliegen?

VERTUNOV Ganz einfach, fliegen. Wissen Sie, einfach so, ganz normal: Ich hebe vom Boden ab und fliege.

DIREKTOR Erzählen Sie keine Märchen. Der Mensch kann nicht fliegen.

VERTUNOV Doch, er kann.

DIREKTOR Nein, er kann nicht.

VERTUNOV Und ich sage Ihnen, er kann.

DIREKTOR Dann fliegen Sie doch mal.

VERTUNOV Bitte sehr, ich fliege.

DIREKTOR Dann fliegen Sie schon, fliegen Sie.

VERTUNOV Bitte sehr, ich fliege.

DIREKTOR Und wieso fliegen Sie nicht?

VERTUNOV Ich kann bellen wie ein Hund. Können Sie so eine Nummer brauchen?

DIREKTOR Bellen Sie mal.

VERTUNOV Wau-wau-wau-wau! *Ganz und gar nicht wie Hundegebell.*

DIREKTOR Nein, so eine Nummer können wir nicht brauchen.

VERTUNOV Aber vielleicht doch?

DIREKTOR Ich sage Ihnen: brauchen wir nicht.

VERTUNOV Aber vielleicht trotzdem ...

DIREKTOR Hören Sie, wir beginnen gleich mit unserer Vorstellung. Ich bitte Sie, gehen Sie von der Bühne.

VERTUNOV Ich kann auf einem Bein stehen. *Hebt das eine Bein an.*
DIREKTOR Gehen Sie, gehen Sie.
VERTUNOV *geht ab, spricht aber in der Kulisse weiter* Ich kann grunzen wie ein Schwein. *Geräusch, ganz und gar nicht wie ein Grunzen.*
DIREKTOR Gehen Sie, sage ich Ihnen.

Vertunov verschwindet.

DIREKTOR Uch, was für ein aufdringlicher Kerl! *Räuspert sich und spricht ins Publikum.* Ähäm, äham ... Wir beginnen mit unserer Zirkusvorstellung.
VERTUNOV *aus den Kulissen* Ich kann wiehern.

Der Direktor blickt sich um. Vertunov verschwindet.

DIREKTOR *ins Publikum* Die Zirkusvorstellung. Der erste Teil auf der Erde, der zweite unter Wasser, bis wir euch wieder nach Hause lassen.

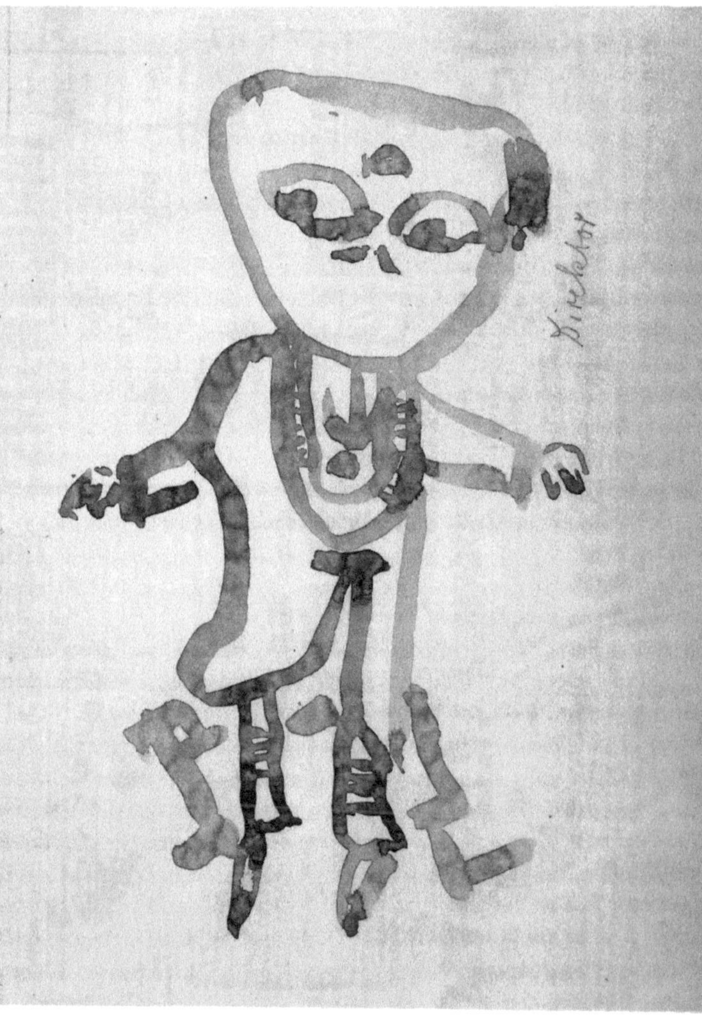
Direktor

I
Gong

DIREKTOR Erste Nummer unseres Programms ist der berühmte Kunstreiter Robert Robertovič Lepjochin.
Niemand kann sich in den Ellenbogen beißen.
Niemand kann sich in einer Streichholzschachtel verstecken.
Und so kann auch niemand so kunstvoll reiten wie Robert Robertovič Lepjochin.
Musik!

Die Musik spielt. Auf die Bühne geritten kommt Robert Robertovič Lepjochin. Er beginnt zu voltigieren und Reiterkunststücke zu zeigen. Dann springt Lepjochin vom Pferd, verbeugt sich und läuft hinaus. Auf die Bühne kommt der Clown auf einem Steckenpferd, mit einem Blumenstrauß in der Hand.

CLOWN Bravo, bravo! Sehr gut! Uiiii! Das bin ich, und das ist der Blumenstrauß. Uiiii! Auf Deutsch: eins, zwei, drei, und auf Englisch: wan tuu sri. Uiiii! Die Multiplikationstabelle erfordert geistige Anstrengung. Aber meine Lage ist die, dass ich keine Multiplikationstabelle brauche! *Läuft hinaus.*

Auf die Bühne kommt, vorsichtig, Vertunov und tritt unter ständigem Sichumblicken an die Rampe.

DIREKTOR *tritt vor, um die nächste Nummer anzukündigen* Wieso sind Sie schon wieder hier?
VERTUNOV Ich wollte nur zeigen, wie eine Fliege fliegt.
DIREKTOR Was? Wie eine Fliege fliegt?
VERTUNOV *lebt auf* Sehen Sie her. Dem Flug der Fliege täuschend ähnlich. *Trippelt über die Bühne, wedelt häufig mit den Armen und spricht* Tick, tick, tick, tick!
DIREKTOR *furchterregend* Scheren Sie sich augenblicklich hinaus!

Vertunov steht, den Hals gereckt, da und schaut den Direktor an.

DIREKTOR *stampft mit dem Fuß auf* Uuuh!

Vertunov ergreift eilig die Flucht.

2
Gong

DIREKTOR Nächste Nummer unseres Programms ist der Auftritt der Seiltänzerin Ballerina Arabella Muhlen-Puhlen. Musik!

Die Musik spielt. Arabella tritt auf. Seiltanznummer. Der Clown mit dem Blumenstrauß tritt auf.

CLOWN Bravo, bravo! Sehr gut! Uiiii! Auf Deutsch: eins, zwei, drei, und auf Englisch: wan tuu sri! Uiiii!

Arabella verbeugt sich vor dem Publikum. Der Clown verbeugt sich vor Arabella, mit Hofknicks. Arabella läuft hinaus. Der Clown fällt um. Der Direktor tritt auf. Der Clown steht auf und tritt beiseite.

3
Gong

DIREKTOR Die nächste Nummer unseres Programms ist der Akrobat der Lüfte Volodja Kablukov.

CLOWN Die nächste Nummer unseres Programms ist der Akrobat der Lüfte Serjoža Petrakov.
DIREKTOR *laut und rechthaberisch* Nicht Serjoža Petrakov, sondern Volodja Kablukov!
Die nächste Nummer unseres Programms ist der Akrobat der Lüfte. *jeweils gemeinsam*
DIREKTOR Volodja Kablukov!
CLOWN Serjoža Petrakov!
DIREKTOR Volodja Kablukov!
CLOWN Serjoža Petrakov!
DIREKTOR Volodja Kablukov!
CLOWN Serjoža Petrakov!

Die Musik spielt. Der Akrobat tritt auf und beginnt mit seiner Nummer. Der Direktor steht links an der Rampe, der Clown geht leise nach rechts.

CLOWN Bravo, bravo! Sehr gut, Serjoža Petrakov!
DIREKTOR Aber das ist nicht Serjoža Petrakov, sondern Volodja Kablukov!
CLOWN Wunderbar, Serjoža Petrakov!
DIREKTOR Was soll denn das? *Ins Publikum.* Das ist Volodja Kablukov! Ehrenwort – das ist Volodja Kablukov.

VERTUNOV *hinter den Kulissen* Erlauben Sie mir aufzutreten. Ich gehe auf allen Vieren, einer Ziege täuschend ähnlich.
DIREKTOR *mit verzweifelter Stimme* Ach nein, nein! Bitte nicht! Gehen Sie!
VERTUNOV Erlauben Sie mir aufzutreten.
DIREKTOR Nachher, nachher. Nicht jetzt. Gehen Sie!
VERTUNOV Aber nachher darf ich?
DIREKTOR Nachher, nachher! Gehen Sie jetzt!

Der Akrobat setzt seine Nummer fort. Musik. Der gefährliche Moment. Die Musik setzt aus. Trommelwirbel. Aus der Kulisse rechts steckt Vertunov den Kopf hervor. Der Akrobat beendet die Nummer, schaukelt, auf dem Trapez sitzend.

VERTUNOV Jetzt?

Der Direktor winkt in Richtung Vertunovs ab. Aber Vertunov kommt auf allen Vieren auf die Bühne gekrochen. Der Direktor stürzt sich auf Vertunov.

VERTUNOV Ich bin eine Ziie-gä! Ich bin eine Ziie-gä! Määh! Määh!
DIREKTOR *zischt* Scheren Sie sich raus! *Gibt Vertunov einen Tritt.* Scheren Sie sich raus! Oh!

Ein Skandal! Welch ein Skandal! Raus! Was soll denn das? Ooooh!

4
Gong

DIREKTOR *mit trauriger Stimme* Die nächste Nummer unseres Programms sind die Bodenakrobaten Krukšin und Klukšin. Musik!

Die Musik spielt. Die Bodenakrobaten treten auf und beginnen mit ihrer Nummer. Als die Nummer zu Ende ist, verbeugen sich Krukšin und Klukšin und gehen ab. Der Direktor tritt auf. Die Musik verstummt.

DIREKTOR Gott sei Dank, diese Nummer ist störungsfrei verlaufen, ohne diesen Vertunov.

5
Gong

Auftritt Vertunov.

DIREKTOR *ohne Vertunov zu bemerken* Die nächste Nummer unseres Programms ist Mathilda Huu-is-huu. Wunder ... *Niest.*

VERTUNOV Gesundheit.

DIREKTOR *ohne Vertunov zu bemerken* Danke. Wunder der Dressur. Tiere in vollkommener Dressur. *Niest.*

VERTUNOV Gesundheit.

DIREKTOR Danke.

VERTUNOV Erlauben Sie mir aufzutreten.

DIREKTOR *dreht sich entsetzt nach Vertunov um* Schon wieder Sie?

VERTUNOV Ich kann hüpfen.

DIREKTOR Was soll denn das? Ich sagte Ihnen doch, dass wir Sie nicht brauchen. Gehen Sie. Gehen Sie. Und lassen Sie sich hier nie wieder blicken.

Musik. Mathilda tänzelt herein. Vertunov und der Direktor ab. Es beginnt die Dressur.
Fußball.
Mathilda verbeugt sich und geht ab. Der Direktor tritt auf und wirft einen Blick hinter die Kulissen, schaut nach oben, nach links und nach rechts.

DIREKTOR Na, bevor dieser schreckliche Vertunov wiederkommt, beginnen wir schleunigst mit der nächsten Nummer.

6
Gong

DIREKTOR Ein philippinischer Jongleur. Auch sein Name ist philippinisch! Er heißt Am gam glam Kaba laba Saba laba Samba gib tschip lib Tschiki kiki Kuki Juki Tschuch schuch Sdugr pugr Of of Prrr.

Die Musik spielt.
Der Direktor steht erwartungsvoll da. Statt des Jongleurs kommt Vertunov auf die Bühne.

DIREKTOR *entsetzt* Schon wieder Vertunov!

Die Musik verstummt.

VERTUNOV Erlauben Sie mir aufzutreten ...
DIREKTOR Ich kann Sie nicht auf die Bühne lassen, denn jetzt hat seinen Auftritt Am gam glam Kaba laba Saba laba Samba gib tschip lib Tschiki kiki Kuki luki Tschuch schuch Sdugr pugr Of of Prrr.
VERTUNOV Lassen Sie mich jetzt auf die Bühne, und dann kommt Am gam glam Kaba

laba Saba laba Samba gib tschip lib Tschiki kiki Kuki luki Tschuch schuch Sdugr pugr Of of Prrr.

DIREKTOR Nein, sage ich Ihnen. Jetzt kommt Am gam glam Kaba laba Saba laba Samba gib tschip lib Tschiki kiki Kuki luki Tschuch schuch Sdugr pugr Of of Prrr.
He, Musik!

Der Direktor macht Jagd auf Vertunov. Beide ab.
Die Bühne betritt der Jongleur. Nummer. Ist die Nummer beendet, wirft der Jongleur einen großen Ballon in die Höhe. Der Ballon platzt in der Luft, und an einem Fallschirm sinkt der Clown mit dem Blumenstrauß herab.

CLOWN Bravo, bravo! Sehr gut! Uiiii!

Auftritt Direktor.
Der Clown hält dem Jongleur den Blumenstrauß hin. Der will den Blumenstrauß nehmen, aber der Clown dreht ihm den Rücken zu und hält den Strauß dem Direktor hin.

DIREKTOR Was ist das?
CLOWN Das ist ein Blumenstrauß.
DIREKTOR Für wen ist der?

CLOWN Für Sie.

DIREKTOR Und von wem?

CLOWN Von mir, und das – *schlägt den Direktor mit dem Blumenstrauß* – das ist vom Publikum. Uiiii!

DIREKTOR Ach, Dreckskerl! Räuber! Rowdy! Ich schlage dich tot! Ich breche dir Arme und Beine!

Die Musik spielt. Der Direktor springt auf den Clown zu. Der Clown fliegt mit dem Fallschirm nach oben. Die Musik verstummt.

DIREKTOR *allein* So ein Rowdy.

7
Gong

DIREKTOR Die nächste Nummer unseres Programms ist der schreckliche Kraftmensch Paramon Ogurcov. Mit einer Hand hebt er fünfundsiebzig Kilo Kartoffeln. Einmal saß er auf einem Hocker und aß eine Portion Speiseeis im Waffelkörbchen. Der Tag war heiß. Die Vögel sangen und die Bienen summten. Plötzlich biss Paramon Ogurcov eine Ameise ins Bein. Paramon Ogurcov wurde böse, sprang auf und schlug aus ganzer Kraft mit der Faust auf den Hocker. Und der Hocker verschwand. Und erst ein Jahr später, als man an dieser Stelle einen Brunnen aushob, fand man den verschwundenen Hocker wieder, viereinhalb Meter tief unter der Erde. Da seht ihr, mit welcher Kraft Paramon Ogurcov draufgehauen hatte! Und hier ist er selbst.

Der Kraftmensch tritt auf und schreitet zur Musik über die Bühne. Er geht auf den Direktor zu. Hinter dem Kraftmenschen tritt Vertunov auf.

DIREKTOR O-och! *Er fällt um. Die Musik verstummt.*

VERTUNOV Erlauben Sie mir aufzutreten. Ich kann mich ein bisschen länger machen.

DIREKTOR *springt auf* Auftreten? Oh! Bitte sehr! Stellen Sie sich hierher! Treten Sie auf! Machen Sie sich ein bisschen länger! Ha-ha-ha! *Dämonisches Lachen.*

Vertunov stellt sich an den ihm zugewiesenen Platz, mit dem Gesicht zum Publikum. Der Direktor sagt etwas zu dem Kraftmenschen. Der geht auf Vertunov zu und haut ihm von hinten auf den Kopf. Vertunov versinkt im Boden. Die Musik spielt.

DIREKTOR Hurra! Hurra! Er ist im Erdboden versunken! Hurra! Vertunov ist weg! Hurra! *Er tanzt zur Musik.*

Der Kraftmensch zeigt seine Nummer.

DIREKTOR Und jetzt eine kleine Pause von zehn Minuten zum Aufbau des Aquariums.

Vorhang.

Ende des ersten Akts.

Pause.

Акт 2
ШАРДАМ

AKT

Die Musik spielt. Der Direktor tritt auf. Verbeugt sich. Die Musik verstummt.

DIREKTOR Also gut. Wir beginnen mit Teil Zwei. Vertunov ist weg, und niemand wird uns stören ... *Die Musik spielt.* Halt. Wartet noch. Noch nicht spielen. Ich bin noch nicht zu Ende. *Die Musik verstummt.* Also, ihr seht auf der Bühne ein gläsernes Aquarium, und die Artisten ... *Die Musik spielt.* Aber wartet doch. Halt. *Die Musik verstummt.*

Ich spreche ja noch. Also gut. Die Artisten werden Taucheranzüge anlegen und ... *Die Musik spielt.* Was ist das denn! Hört auf zu spielen! *Die Musik verstummt.* Die lassen mich nicht ausreden. *Ins Publikum.* Die Artisten in Taucheranzügen werden in das gläserne Aquarium steigen, wo sie ihre Nummern unter Wasser zeigen werden. Sie werden unter Wasser einen dressierten Haifisch im Käfig sehen. Das ist sehr gefährlich. Das Aquarium kann zerspringen, und dann wird Wasser den ganzen Zirkus überschwemmen. Aber Vertunov ist weg, niemand wird uns stören, und deshalb wird alles glücklich verlaufen. Also, aber ...

Nach den Worten »ihre Nummern« kriecht Vertunov langsam aus dem Boden. Seine Wange ist dick mit einer weißen Binde verbunden. Der Direktor bemerkt ihn zuerst nicht. Als er ihn aber bemerkt, hält er im Wort inne und starrt schweigend, den Hals vorgereckt.

VERTUNOV *aus der Erde kriechend, heiser* Erlauben Sie mir aufzutreten. Ich bin in den Keller gefallen. Dort habe ich mich erkältet und bin jetzt ganz heiser. Aber singen kann ich trotzdem noch. Erlauben Sie mir aufzutreten.

DIREKTOR Mir ist schlecht. *Fällt ohnmächtig zu Boden und schlägt mit dem Kopf ein Loch in das Aquarium. Geräusch von zerspringendem Glas. Wasser fließt auf die Bühne. Die Musik spielt.*
VERTUNOV Oje! Oje! Wasser! Feuer! Hilfe! Räuber! *Läuft davon.*

Wasser füllt die Bühne. Im Aquarium sinkt es, auf der Bühne steigt es. Szene »Überschwemmung der Bühne«. Sprechpartitur. Rauschen des Wassers. Die Musik spielt. Hinter der Bühne Stimmen. Stille. Die Bühne ist überschwemmt. Wasserpflanzen wachsen. Große und kleine Fische schwimmen vorüber. Schließlich schwimmt aus dem Hintergrund der Direktor heran.

DIREKTOR *prustet* Brrr. Brrr. Puff. Puff. Puff. Puff. Ist das eine Geschichte. Puff. Dieser Vertunov hat es dazu gebracht, dass ich in Ohnmacht gefallen bin und dass ich, im Fallen, das Aquarium mit dem Kopf zertrümmert habe. Puff. Puff. Ich muss mich setzen, ausruhen.

Die Ballerina kommt nähergeschwommen.

BALLERINA Huch, huch! Was ist denn passiert? Ich glaube, ich bin unter Wasser.
DIREKTOR Das Aquarium ist zertrümmert, und das Wasser hat das ganze Theater überschwemmt.
BALLERINA *schwimmt davon* Huch, huch, huch.
DIREKTOR Und wir haben nicht einmal die Taucheranzüge angezogen.

Der Kraftmensch Paramon Ogurcov kommt nähergeschwommen.

KRAFTMENSCH Puff. Puff. Was ist passiert?
DIREKTOR Beruhigen Sie sich, wir sind einfach ertrunken.
KRAFTMENSCH Schöner Mist, da haben wirs.
DIREKTOR Vielleicht bin ich schon tot?

Der Jongleur kommt nähergeschwommen.

JONGLEUR *erregt und ohne etwas zu verstehen*
Bä bä bä bä bä
Siau siau
Krju krju

Arabella

Tiau tiau
Prim prim prim
dyr dyr dyr
Bui bul bul

DIREKTOR Völlig richtig, das ist Wasser. Wasser.

JONGLEUR *ohne etwas zu verstehen*
Tjam tjam tjam
Gorn gom gom
Tschuk tschuk tschuk
Bul bul bul. *Schwimmt davon.*

DIREKTOR Wenn ich tot bin, dann kann ich mich nicht mehr bewegen. Also beweg doch mal den Arm. *Bewegt den Arm.* Er bewegt sich! Beweg doch mal das Bein. *Bewegt das Bein.* Es bewegt sich! Beweg mal den Kopf. *Bewegt den Kopf.* Bewegt sich auch. Also lebe ich noch. Hurra!

STIMME LEPJOCHINS Tprr ... Nnooo ... Tprrr ... Nein ... Nnnooo ...

Lepjochin kommt herbeigeschwommen, auf dem Rücken des Pferdes.

LEPJOCHIN Tprr ... tprr, sage ich. Was ist passiert? Tprrr.

DIREKTOR Das Aquarium ist zertrümmert worden. Das Wasser hat das Theater überflutet. Wir sind alle unter Wasser.
LEPJOCHIN Tprrrr ... Was? ... Tprr ...

Das Pferd trägt Lepjochin hinter die Kulissen.

STIMME LEPJOCHINS *hinter den Kulissen* Was soll das! Tprrr ... Nnooo ... Was soll das? Tprr ...
DIREKTOR Also, ich lebe noch. Und er lebt auch. Wir alle leben.

Geschwommen kommt, die Beine nach oben, Vanja Klukšin.

VANJA KLUKŠIN Erklären Sie mir, was bedeutet das?
DIREKTOR Das bedeutet, dass wir alle noch leben, obwohl wir uns unter Wasser befinden.
VANJA KLUKŠIN Ich verstehe absolut nichts mehr. *Schwimmt davon.*
DIREKTOR Aber ich beginne zu verstehen ... Hurra! Ich habe alles begriffen. Wir befinden uns unter Wasser, und uns passiert nichts, weil wir Schauspieler aus Holz sind.

BALLERINA Wie, ich bin aus Holz?
DIREKTOR Aber natürlich!
BALLERINA Das kann nicht sein, ich tanze doch so schön.
DIREKTOR Na und! Ich z. B. habe einen Holzkopf, und trotzdem ist er sehr, sehr klug!

Die Bühne betritt Mathilda Huu-is-huu und bringt den Käfig mit dem Haifisch mit.

DIREKTOR Was ist das?
MATHILDA Das ist meine dressierte Haifisch Pinkie. Ich will zeigen meine Nummer.
DIREKTOR Und er kann aus dem Käfig nicht ausbrechen?
MATHILDA Ou nein, um den Käfig zu öffnen, man muss drücken diese Hebel. Meine Haifisch das nicht kann. Sie ist sehr gehorsam. Allez hopp!

Der Haifisch kommt herangeschwommen.

DIREKTOR Und warum starrt er mich so an?
MATHILDA Weil sie will fressen.
DIREKTOR Und was frisst er?

MATHILDA Ou, absolutely alles. Gestern sie hat gefressen Fahrrad, zwei Klavier, wan Kopfkissen, tuu Kaffeemühlen und vier dicke Bücher.

DIREKTOR Hm-tja. Und frisst er auch Menschen?

MATHILDA Ou yea. Oh, ja. Sie hat gefressen meine Bekannte Karl Ivanyč Šusterling.

DIREKTOR Hm ... Und heute hat er noch nichts gefressen?

MATHILDA Nein, heute er hat Hunger.

DIREKTOR Was werden Sie ihm heute zu fressen geben?

MATHILDA Ach, ich habe wan Camel, ein Kamel.

DIREKTOR Dann geben Sie es ihm schnell zu fressen.

MATHILDA Allez hopp! Gleich ich bringe den Kamel. Und Sie passen auf, nicht sich setzen auf diese Hebel.

DIREKTOR Nein, ich komme lieber mit Ihnen, Mathilda Karlovna! Mathilda Karlovna, warten Sie auf mich.

Mathilda und der Direktor schwimmen davon.
Auf die Bühne kommt Vertunov.

Hu is Hu

VERTUNOV Ffu, ich schwimme unter Wasser, als wäre ich ein Fisch. Aber bin ich ein Fisch? Weder Wels noch Hecht, weder Karausche noch Barsch. Ocho-cho-cho! *Setzt sich auf den Hebel des Käfigs, der Käfig öffnet sich. Aus dem Käfig kommt leise der Haifisch geschwommen.* Und wie komme ich jetzt aus dem Wasser heraus? Mir hat hier jemand mit einem Gewicht auf den Kopf gehauen, und ich bin im Keller versunken. Vielleicht ist an der Stelle noch das Loch im Boden. Wenn ich es mit dem Fuß größer mache, kann das Wasser vielleicht in den Keller ablaufen. Ich gehe das Loch suchen. Unter Wasser findet man es nicht so leicht. *Geht ab.*

Auftritt Direktor und Mathilda Huu-is-huu mit dem Kamel.

MATHILDA So wir bringen for meine Pinkie eine schöne Porschon Kamel. Das ist sehr wenig, aber ... ou, ou!

DIREKTOR Was ist denn?

MATHILDA Ou, meine Pinkie ist gelaufen weg.

DIREKTOR Hilfe! Rette sich, wer kann! Hilfe!

Hereingelaufen kommt Vanja Klukšin.

VANJA Was ist passiert?

MATHILDA Meine Pinkie! Meine Pinkie! *Läuft mit dem Kamel hinaus.*

VANJA Was soll das bedeuten?

DIREKTOR Verstehen Sie, sie ist aus diesem Käfig ausgebrochen.

VANJA Sie ist also verrückt?

DIREKTOR Sie hat Hunger.

VANJA Geben Sie ihr doch ein Sandwich mit Frikadelle.

DIREKTOR Was ist für sie schon eine Frikadelle? Gestern hat sie zwei Klaviere, ein Fahrrad und noch etwas gefressen.

VANJA Na und?

DIREKTOR Für heute hat sie ein Kamel, aber ein Kamel ist ihr zu wenig.

VANJA Sie frisst auch Kamele?

DIREKTOR Sie frisst alles. Auch Menschen.

VANJA Oje-oje-ojemine, sogar Menschen!

DIREKTOR Bleiben Sie hier stehen, ich gehe dort mal nach dem Rechten sehen. Mathilda Karlovna! Mathilda Karlovna! *Geht ab.*

VANJA Das ist ja ein Ding! Wer hätte das gedacht! So hübsch und so gefräßig! *Der Clown kommt herbeigeschwommen.*

CLOWN Uiiii! Da bin ich.

VANJA Hast du gehört?

CLOWN Ich habe gehört.

VANJA Und was hast du gehört?

CLOWN Nichts habe ich gehört. Uiiii.

VANJA Tfu. Ich spreche ernsthaft mit dir. Weißt du, dass unsere Dompteuse Mathilda Huu-is-huu ein Klavier aufgegessen hat?

CLOWN Ein Klavier?

VANJA Sogar zwei, und ein Fahrrad.

CLOWN Aufgegessen?

VANJA Ja, aufgegessen.

CLOWN Uiiii.

VANJA Hör auf zu lachen. Ich rede im Ernst mit dir. Jetzt ist sie ein Kamel essen gegangen, ich habe es selbst gesehen. Und dann wird sie Menschen fressen.

CLOWN Mich auch?

VANJA Dich wie auch mich.

CLOWN Oje-oje-ojemine. Ei-ei-ei.

Direktor läuft über die Bühne. Das Kamel ist schon gefressen.

VANJA Oje-oje-ojemine.

CLOWN Oje-oje-ojemine.

Auftritt Mathilda.

MATHILDA Pinkie, Pinkie.

VANJA und CLOWN *fallen auf die Knie* A-a-a-a-a-a-a! Be-be-be-be, verschonen Sie uns!

CLOWN Ich schmecke nicht, er schmeckt besser.

VANJA Das stimmt nicht. Ich bin gesalzen. Er schmeckt besser.

CLOWN Glauben Sie ihm nicht. Er ist überhaupt nicht gesalzen. Er schmeckt vorzüglich.

MATHILDA Ou, aj dount anderstend, ich nicht verstehe. Wo ist meine Pinkie, Pinkie, Pinkie. *Läuft davon.*

DIREKTOR *läuft über die Bühne* Hilfe! Rette sich, wer kann! Hilfe!

KRAFTMENSCH *schwimmt vorüber* Wer? Was? Warum? Woher? Wie? Wo? Wozu? Wen? Was? *Schwimmt davon.*

BALLERINA *schwimmt vorüber* Ach-ach-ach-ach. Ich-ich-ich-ich.

JONGLEUR *läuft vorüber*
Tiau tiau tiau
Siau siau siau
Kiau kiau kiau
Miau miau miau.

LEPJOCHIN *auf seinem Pferd reitend* Tprr ... Nnoo ... Tprrr ... Lass die Scherze ... Tprr ... Wo willst du denn hin. Tprrr ... Nnooo ... Tprr ...

KRUKŠIN Erklärt uns, was ist passiert? Ich verstehe absolut gar nichts. *Beide schwimmen vorüber. Einer mit den Beinen nach oben.*

Schweigend schwimmt der Haifisch vorüber.

MATHILDA *schwimmt dem Haifisch hinterdrein* Ou Pinkie, meine Pinkie.

Unheimliche Pause.

VANJA Hast du gesehen?

CLOWN Ich habe gesehen.

VANJA Und was meinst du?

CLOWN Ich glaube, sie will diesen Fisch fressen.

VANJA Weißt du was?

CLOWN Was?

VANJA Komm, wir laufen weg.
CLOWN Komm, wir laufen weg.
VANJA Lauf du voran, und ich dir nach.
CLOWN Also gut, ich laufe dir nach, und du lauf voran.
VANJA Nein, besser ich laufe dir nach, und du lauf voran.
CLOWN Weißt du was?
VANJA Na?
CLOWN Ich zähle bis drei, und wir laufen beide gleichzeitig weg.
VANJA Gut, also zähl.
CLOWN Auf Deutsch: eins, zwei, drei.

Vanja läuft davon.

CLOWN Und auf Englisch: wan tuu sri.

Der Clown läuft davon. Auftritt Vertunov.

VERTUNOV Wo ist es nur? Wo ist es bloß? *Geht über die Bühne, sucht gebückt, tastet mit der Hand den Fußboden ab.* Hier muss es gewesen sein ... Da ist es ... Das ist es ... Ich habs! *Säubert das Loch. Rauschen des Wassers ist zu hören. Das Wasser fließt ab.* Hurra!

Die Musik spielt. Der Haifisch kommt nähergeschwommen.

VERTUNOV Oje! Was ist das?

Der Haifisch stürzt sich auf Vertunov.

VERTUNOV Oje-oje-ojemine!

Dunkel. Lichteffekte. Musik.

STIMME MATHILDAS Ou Pinkie, meine Pinkie.

Szene »Abfließen des Wassers«. Sprechpartitur. Rauschen des Wassers. Die Musik spielt. Grelles Licht. Der Zirkus ist vom Wasser befreit. Auf der Bühne liegt der krepierte Haifisch. Die Musik spielt. Der Direktor tritt auf. Verbeugt sich. Die Musik verstummt.

DIREKTOR Die angekündigte Unterwasserpantomime fällt aus. Das Aquarium hat einen Sprung bekommen. Das Theater ist überschwemmt; der Haifisch ist aus dem Käfig ausgebrochen, und wir alle wären beinahe umgekommen. An allem ist der Bürger Vertunov schuld, aber ihn hat der Haifisch verschlungen, wir sind ihn jetzt endgültig los. Und dann ist das Meeresungeheuer krepiert, weil es kein Wasser mehr hatte. Ihr braucht euch nicht mehr zu fürchten. Seht her. *Der Direktor versetzt dem Haifisch einen Tritt.*

HAIFISCH Au, das tut doch weh!

DIREKTOR *springt beiseite* Was war das? Wer hat hier gesagt »das tut doch weh«? Niemand hat es gesagt ... Seht ihr, ich trete den Haifisch noch mal.

HAIFISCH Au-au-au. Treten Sie mich nicht.

DIREKTOR Was war das? Der Haifisch kann sprechen. Wie das?

HAIFISCH Und ob ich sprechen kann.

DIREKTOR Wa-wa-wa-was wo-wo-wo-wo-wollen Sie?

HAIFISCH Erlauben Sie mir aufzutreten.

DIREKTOR Oje-oje-ojemine. Nein-nein-nein-nein, lieber nicht. Treten Sie auf.

HAIFISCH Sofort. *Dem Haifisch entsteigt Vertunov.*

VERTUNOV So, ich habe ihm den Bauch aufgebrochen, jetzt bin ich wieder in Freiheit. Also ich darf auftreten. Ich kann einen Kopfstand machen. He, Vanja Klukšin!

Vanja Klukšin tritt auf.

DIREKTOR Zeigen Sie ihm, wie man einen Kopfstand macht.
VANJA Nichts einfacher als das. Sehen Sie her!

Vanja macht einen Kopfstand.
In diesem Moment kommt Mathilda hereingelaufen.

MATHILDA Wo ist meine Pinkie? Was ist passiert mit meine Pinkie?

Vanja fällt um.

VANJA *auf dem Boden liegend* Oje-oje-ojemine, verschonen Sie mich. A-a-a-a-ah. Lassen Sie mich am Leben!
DIREKTOR Was denn, was denn. Das ist doch nicht schlimm. So was kann jedem passieren.
VANJA Oh, ich habe Angst.
DIREKTOR Ach was, Lappalien.
VANJA Schöne Lappalien! Oje-oje-ojemine.

DIREKTOR Ich glaube, ihm ist schlecht geworden.
MATHILDA Gleich ich bringe ihm a little bit Wasser. Mit Wasser es wird besser.
VANJA Oje-oje-ojemine. Besser ohne Wasser. Oje-oje. *Stöhnt.*

Der Clown kommt hereingelaufen.

CLOWN Uiiii. Bravo, bravo. Sehr gut. Uiiii. *Sieht Vanja.* Was hat er?
DIREKTOR Er wollte einen Kopfstand machen, das hat nicht geklappt, jetzt ist er todtraurig.
CLOWN *zu Vanja* Hör mal. Was weinst du denn? Wenn du willst, mache ich für dich einen Kopfstand. Schau her.

Der Clown macht einen Kopfstand. In dem Moment kommt Mathilda mit einem Glas Wasser herein. Der Clown fällt um.

MATHILDA So, here ich bringe den Wasser.
CLOWN Oje-oje-ojemine! Be-be-be-be-be! Lassen Sie mich am Leben, oje, bringen Sie mich nicht um.

DIREKTOR Was ist denn jetzt los?

CLOWN und VANJA *auf den Knien* Oje-oje-ojemine! A-a-a-a-ah. Be-be-be-be-be. Kein Wasser. Verschonen Sie uns. Oje, lassen Sie uns am Leben!

DIREKTOR Nun hört aber auf.

CLOWN und VANJA O nein, wir hören nicht auf. Warum sollten wir? Nehmen Sie lieber den da. *Zeigen auf Vertunov.*

DIREKTOR Warum denn ihn, ihr seid besser.

CLOWN und VANJA Nein, nicht wir, der ist besser.

DIREKTOR Also gut, also gut! Nur beruhigt euch endlich. Vertunov! Willst du an die Stelle des Clowns und des Akrobaten treten?

VERTUNOV Natürlich will ich.

DIREKTOR Da hört ihrs. Er ist einverstanden.

CLOWN und VANJA Ei-ei-ei-ei-ei-ei. Das glauben wir nicht.

DIREKTOR Beruhigt euch doch. Gleich wird er es euch zeigen.

MATHILDA Ich absolutely nichts verstehen. Ich jetzt gehe meine Pinkie suchen. *Ab.*

DIREKTOR Vertunov! Kommen Sie auf den Teppich.

VERTUNOV Und wo ist dieser Teppich?

DIREKTOR Was für ein Teppich?

VERTUNOV Sie sagten, ich solle auf den Teppich kommen.

DIREKTOR Das bedeutet, Sie werden der Clown sein.

CLOWN Erlauben Sie, das bin ich.

DIREKTOR Sie haben eben selber abgelehnt und darum gebeten, dass Vertunov an Ihre Stelle tritt.

VANJA und CLOWN Nein, nein. Wir wollten, dass er gefressen wird.

DIREKTOR Gefressen?

VANJA und CLOWN Nun ja. Dass sie ihn frisst.

DIREKTOR Wer – sie?

CLOWN Na sie ... die Dompteuse.

DIREKTOR Ich verstehe nichts mehr.

VANJA Na, sie wollte uns doch fressen.

CLOWN Aber wir schmecken nicht gut.

VANJA *zeigt auf Vertunov* Der schmeckt besser.

DIREKTOR Wie bitte?

CLOWN Sie hat ein Klavier gefressen.

VANJA Und ein Fahrrad.

CLOWN Und ein Kamel, und eine Nähmaschine, und vier Kaffeemühlen.

Dressur

DIREKTOR Wer? Mathilda?

CLOWN und VANJA Aber ja doch, Mathilda.

DIREKTOR Ha-ha-ha!

CLOWN und VANJA Warum lachen Sie?

DIREKTOR Ha-ha-ha! Das habt ihr verwechselt. Nicht Mathilda Huu-is-huu hat ein Klavier, ein Fahrrad und das Kamel verspeist, sondern ihre Pinkie, der Haifisch.

Auftritt Mathilda.

MATHILDA Ou, wo ist meine Pinkie? Wer hat gesehen meine Pinkie?

Clown und Vanja gehen für alle Fälle beiseite.

DIREKTOR Ihr Pinkie ist nicht mehr.

MATHILDA Und wo ist er?

DIREKTOR Ohne Wasser ist Ihr Haifisch verstorben.

MATHILDA Ou, er war gewesen so lieb. Geben Sie mir zurück meine Haifisch. Meine gute Pinkie.

DIREKTOR Ihr guter lieber Pinkie hat diesen Bürger da verschlungen.

MATHILDA Ou, er liebte fressen lebendes Mensch.

VERTUNOV Ja, ich habe das Loch im Boden gefunden. Und als ich es sauber machte, damit das Wasser abfließen konnte, ist etwas über mich hergefallen und hat mich verschluckt.

DIREKTOR Also Sie haben uns von dem Wasser erlöst?

VERTUNOV Ja, ich.

DIREKTOR Dann sind Sie unser Retter.

VERTUNOV Erlauben Sie mir aufzutreten.

DIREKTOR Ich nehme Sie in meine Truppe auf. Wir werden Ihnen alles beibringen. Sie werden Clown sein, Akrobat, Sänger und Tänzer.

MATHILDA Ou, meine Pinkie Sie hat gegessen. Sie hat Sie geliebt. Ich auch Sie werde lieben.

DIREKTOR Also, Bürger Vertunov tritt zum Studium in unseren Zirkus ein. Er muss viel lernen, um ein echter Zirkusstar zu werden.

VERTUNOV Hurra! Ich werde von euch lernen. Ich werde von euch lernen.

CLOWN und VANJA Du wirst von uns lernen.

VERTUNOV Ich werde Clown, Kämpfer, Akrobat, Sänger und Tänzer in einem sein.

DIREKTOR Und jetzt wollen wir Ihnen zeigen, wie gearbeitet wird. Den nächsten Auftritt hat der Akrobat der Lüfte Volodja Kablukov.

Musik. Nummer Kablukovs.

VERTUNOV Und darf jetzt ich auftreten?

DIREKTOR Treten Sie auf. *Ins Publikum.* Gleich sehen Sie unter Beteiligung des Bürgers Vertunov die Nummer von Vanja Klukšin und Johnny Krukšin. Musik!

Die Musik spielt. Nummer.

Vorhang.

VARIANTEN

EINZUFÜGENDE SZENE

DIREKTOR Es lebte einmal Esther Bubušvili. Sie setzte sich eines Tages auf ein Kamel und ritt durch die Wüste, um ihre Tante zu besuchen. *Herein reitet Esther auf dem Kamel.* Die Sonne brennt. Ringsum nur Sand. Es weht ein heißer Wind. Es weht ein heißer Wind. Ringsum nur Sand. Und die Sonne brennt. Esther Bubušvili schaut nach rechts, schaut nach links. Sie hat Durst. Der Wasservorrat ist erschöpft. Ringsum nur Sand. Nirgends Wasser. Oje-oje-ojemine!

CLOWN Oje-oje-ojemine!

DIREKTOR und CLOWN Nirgends Wasser! Oje-oje-ojemine!

CLOWN Sie hat solchen Durst!

DIREKTOR Sie hat solchen Durst!

CLOWN Und wissen Sie was?

DIREKTOR Was?

CLOWN Ich werde ihr Wasser bringen.

DIREKTOR Gute Idee! *Der Clown läuft hinaus.* Gleich! Warten Sie einen Augenblick. Gleich wird man Ihnen Wasser bringen. Warten Sie doch! Gleich wird man Ihnen Wasser bringen.

Der Clown mit dem Wasser kommt gelaufen.

DIREKTOR Hier, trinken Sie Wasser.

Clown und Direktor geben Esther und dem Kamel zu trinken.
Esther setzt sich auf das Kamel, verbeugt sich und reitet davon.

DIREKTOR Wüste! Sonne! Sand! Heißer Wind! Esther Bubušvili reitet ihre Tante besuchen.

I.

SCHLUSS DES ERSTEN AKTS

DIREKTOR Als nächster hat seinen Auftritt der berühmte Fakir Charindronáta Pirongrocháta Tschernígrom-bóm bom cháta! Er ist aus Indien gekommen und hat eine schreckliche Giftschlange mitgebracht. Gleich wird er Ihnen erstaunliche indische Kunststücke zeigen. Ich bitte um Aufmerksamkeit!

Auf die Bühne kommt, zu Musik, Vertunov. Der Direktor stürzt sich auf Vertunov.

DIREKTOR Was! Schon wieder Sie! Haltet ihn! Ich schlage ihn tot!

Vertunov, ihm nach der Direktor, ab. Von der anderen Seite kommt der Fakir auf die Bühne. Beginn der Nummern des Fakirs. Der Direktor kommt auf die Bühne. Den Künsten des Fakirs folgend, ruft der Direktor von Zeit zu Zeit: »Wunderbar! Erstaunlich! Ach, ist das verblüffend!« Gegen Ende holt der Fakir eine kleine Flöte hervor. Auf der Bühne erscheint eine Kiste. Der Fakir öffnet die Kiste, zeigt, dass sie leer ist, und sagt zum Direktor:

FAKIR Bangelibamba usursenkus teter grachá!
DIREKTOR Ah ja! Gut, gut, ich erkläre es sofort. Werte Zuschauer! Der Fakir Charindronáta Pirongrocháta Tschernígrom-bóm bom cháta bittet Sie zu beachten, dass die Kiste vollkommen leer ist.

Der Fakir schließt die Kiste und spricht die Zauberformel, dann öffnet er die Kiste und spielt auf der Flöte. Aus der Kiste kriecht die Schlange. Beginn der Nummer mit der Schlange. Nach Beendigung der Schlangennummer kriecht die Schlange zurück in die Kiste. Der Fakir schließt die Kiste, spricht die Zauberformel, öffnet die Kiste und zeigt, dass sie leer ist.

DIREKTOR Ach, und wo ist die Schlange jetzt?
FAKIR Grachá.
DIREKTOR Grachá. Verschwunden! Klasse! Toll! Und was ist, wenn man in diese Kiste – *klopft auf die Kiste* – sagen wir mal ... nun ... hier

diesen Hocker stellt? *Klopft auf den Hocker.* Wenn man ihn in die Kiste stellt, verschwindet er dann auch? Er auch grachá?

FAKIR Grachá.

DIREKTOR Das ist ja interessant! Probieren wirs mal. *Stellt den Hocker in die Kiste und schließt den Deckel.* Was muss ich jetzt machen?

Der Fakir tritt auf die Kiste zu, schiebt den Direktor beiseite und spricht die Zauberformel. Dann öffnet er die Kiste. Die Kiste ist leer.

FAKIR Grachá.

DIREKTOR *schaut in die Kiste* Tatsächlich grachá. Geschickt gemacht!

VERTUNOV *kommt auf die Bühne* Erlauben Sie mir aufzutreten.

DIREKTOR *stürzt sich brüllend auf Vertunov. Dann plötzlich hält er inne, klopft sich mit der flachen Hand vor die Stirn und sagt* Aaa-ah! Das ist ja die Idee! Vertunov! Sie wollen auftreten?

VERTUNOV Ich würde sehr gern auftreten!

DIREKTOR Sofort! Warten Sie nur einen kleinen Augenblick! *Geht zum Fakir.* Bürger Fakir Charindronáta Pirongrocháta Tschernígrom-bóm bom cháta, sagen Sie bitte, wenn man diesen Menschen da, Vertunov, in die Kiste steckt, ist er dann auch grachá?

FAKIR Grachá!

DIREKTOR Das ist ja klasse! Vertunov! Kommen Sie, schnell! *Ins Publikum.* Das magische Verschwinden des Bürgers Vertunov! *Zu Vertunov.* In die Kiste mit Ihnen!

VERTUNOV Wozu denn in die Kiste?

DIREKTOR Machen Sie schon, schnell!

FAKIR *stößt Vertunov in die Kiste und spricht die Zauberformel* Gyrabam Dyrabam Schirabam Dundiri! Gyrabam Dyrabam Schirabam Pundiri!

VERTUNOV Wozu in die Kiste! Ich will nicht in die Kiste! Lasst mich raus!

Der Fakir schließt über Vertunov den Deckel und spricht noch einmal die Zauberformel. Zuerst hört man aus der Kiste die Schreie Vertunovs: »Lasst mich raus! Ich will nicht! Oh! Hilfe!« Aber als der Fakir sagt: »Grachá! Grachá! Grachá!« verstummen die Schreie. Der Fakir öffnet die Kiste. Die Kiste ist leer.

FAKIR Grachá!

DIREKTOR Grachá! Verschwunden! Vertunov grachá! Vertunov ist verschwunden! Hurra-a-a!

Ende des ersten Akts.

II

ZWEITER AKT

DIREKTOR So, wir beginnen jetzt mit dem zweiten Teil. Vertunov ist verschwunden, und niemand wird uns stören. Sehen Sie her, ich bitte um Aufmerksamkeit! Sie sehen in der Arena ein gläsernes Aquarium. Die Artisten werden Taucheranzüge anlegen, in das Aquarium steigen und ihre Nummern unter Wasser zeigen. Das ist sehr gefährlich, denn das Aquarium könnte einen Sprung bekommen, und dann würde das Wasser den ganzen Zirkus überschwemmen. Aber Vertunov ist nicht mehr da, niemand wird uns stören, und deshalb wird alles glücklich verlaufen! Ihren Auftritt hat gleich die Ballerina auf dem Seil Arabella Muhlen-Puhlen. Musik! *Er sieht die Kiste.* Unverschämtheit! Sie haben die Kiste nicht abgeräumt! Ivan Ivanovič!

Auf die Bühne stürzt der Clown.
Räum diese Kiste hier weg!

Der Direktor geht ab.
Der Clown geht zu der Kiste und versucht sie wegzurücken. Aber die Kiste bewegt sich nicht vom Fleck.

CLOWN Oje-oje-ojemine! Ist das eine schwere Kiste! Vanja Krukšin, komm mal her!

Vanja Krukšin kommt.

CLOWN Komm, hilf mir, diese Kiste fortzuschaffen!
VANJA Sofort.

Beide versuchen, die Kiste wegzurücken, die Kiste bewegt sich nicht.

VANJA Warum ist die denn so schwer?
CLOWN Weißt du was? Wir machen die Kiste auf und schauen, was drin ist.
VANJA Richtig! Machen wir sie auf!

Sie öffnen die Kiste. Die Kiste ist leer.

VANJA Das ist ja ein Ding! Leer, und doch so schwer!

Sie schließen die Kiste. Aus der Kiste Klopfzeichen.

CLOWN Was war da?
VANJA Was war das?
STIMME AUS DER KISTE Oh! Holt mich raus aus der Kiste!

Clown und Vanja laufen zur Seite.

CLOWN Wer ist das?
STIMME AUS DER KISTE Ich bins! Vertunov!
CLOWN Wo bist du denn?
STIMME Hier in der Kiste!

Clown und Vanja schauen in die Kiste.

CLOWN Siehst du Vertunov?
VANJA Nein.
CLOWN Ich sehe ihn auch nicht.
STIMME Rettet mich! Hilfe!

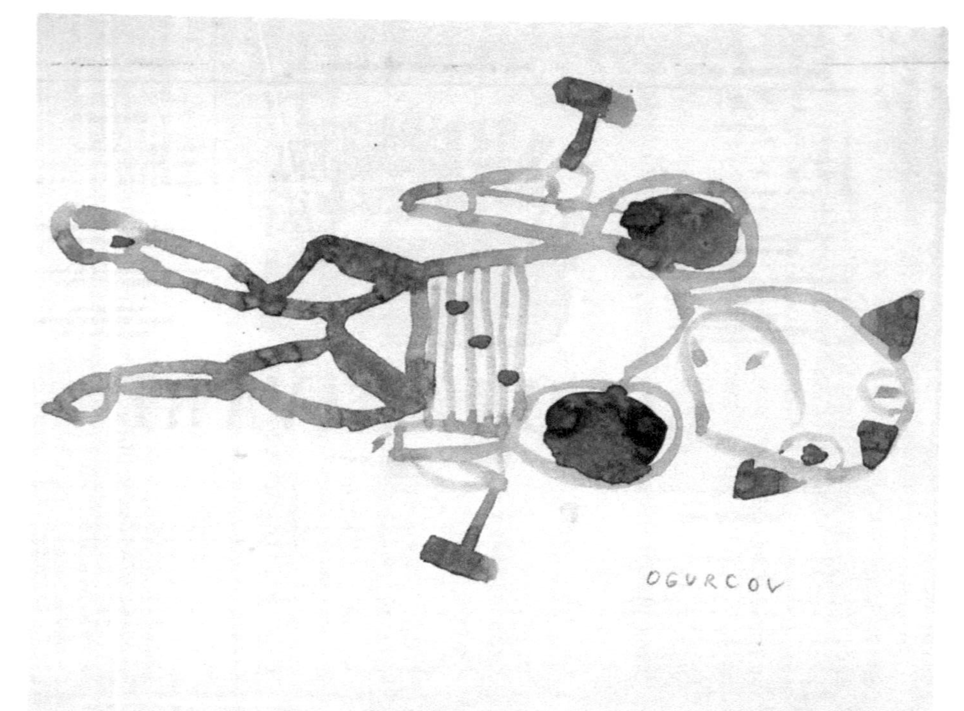
OGURCOV

Der Boden der Kiste birst, von dort heraus erscheint der Kopf Vertunovs.

VANJA Das ist ja ein Ding!

CLOWN Wie kommst du denn da rein?

VERTUNOV Oje! Mich hat ein Fakir oder so in diese Kiste gesteckt. Und die Kiste hat einen doppelten Boden. Und durch den oberen Boden bin ich gefallen. Dann hat etwas von oben auf mich gedrückt, und ich saß im Dunklen. Ich hörte, wie sie hier sagten, ich sei irgendwohin verschwunden, aber ich bin nirgendwohin verschwunden. Die ganze Zeit habe ich hier dringesessen! Oje! Und jetzt sind mir die Arme und Beine abgestorben, und sogar der Rücken tut weh! Au! Helft mir aus der Kiste heraus!

CLOWN Gleich, gleich! *Zieht Vertunov aus der Kiste.* Vanja Krukšin! Hilf mir! Beide ziehen an Vertunov.

VERTUNOV Au, das tut weh! Auauauau!

CLOWN Schon gut, schon gut! Nur ein wenig Geduld! Das haben wir gleich!

Sie ziehen. Vertunovs Hals reckt sich, Arme und Beine werden lang und länger.

Schließlich kriecht Vertunov aus der Kiste und steht auf.

CLOWN und VANJA Ei-ei-ei! Was hat er nur, wie sieht er aus?

VERTUNOV Was mit mir ist? Was? Was habt ihr mit mir gemacht?

CLOWN Wir haben Sie aus der Kiste gezogen und dabei ein bisschen verlängert.

VERTUNOV Ein bisschen verlängert! Euch werd ich zeigen, mich zu verlängern! Wo soll ich auftreten in dieser Gestalt? Und was war ich früher hübsch! Wonach sehe ich jetzt aus?

CLOWN Beruhigen Sie sich, Genosse Vertunov! Sie sehen keineswegs so komisch aus, wie Sie meinen. Schauen Sie in den Spiegel.

VERTUNOV Wo habt ihr denn hier einen Spiegel?

CLOWN Schauen Sie sich hier im Aquarium an.

Vertunov betrachtet sich im Aquarium.

VERTUNOV Was! Das soll ich sein! Nein! Nein! Nein! Dieser Spiegel lügt! Er lügt! Er lügt!

Vertunov zertrümmert das Aquarium. Geräusch von berstendem Glas. Auf die Bühne fließt Wasser. Die Musik spielt.

VERTUNOV Hilfe! Wasser!
VANJA Wasser! Wasser!
CLOWN Das Aquarium ist geplatzt! Rettet euch!
VERTUNOV Wasser! Hilfe! Wir ertrinken! Rettet uns!

Überschwemmung des Zirkus. Die Bühne ist überschwemmt. Der Direktor kommt geschwommen.

DIREKTOR Brr. Brr. Puff. Puff. Ist das eine Geschichte! Dieser Vertunov (der Geier soll ihn holen!) soll wieder aufgetaucht sein und das Aquarium zertrümmert haben. Puff. Puff. Der Zirkus steht unter Wasser.

Geschwommen kommt die Dompteuse Zoja Grom.

ZOJA Ach, ach! Was ist passiert! Ich glaube, ich bin unter Wasser!
DIREKTOR Ja. Vertunov (der Geier soll ihn holen!) soll das Aquarium zertrümmert haben,

und das Wasser hat den ganzen Zirkus überschwemmt.

ZOJA Ach, wie schrecklich. *Schwimmt davon.*

DIREKTOR Und wir hatten nicht einmal die Zeit, unsere Taucheranzüge anzulegen!

Der Fakir kommt geschwommen.

FAKIR Direktor! Direktor!

DIREKTOR Ah! Sie sinds, Fakir Charindronáta Pirongrocháta Tschernígrom-bóm bom cháta!

FAKIR Was bin ich schon für ein Fakir! Was für ein bombom cháta! Wo ist meine Schlange?

DIREKTOR Wie das, Sie sind Inder und sprechen plötzlich Deutsch?

FAKIR Ich ein Inder? Ich bin kein Inder! Aber darum geht es auch nicht! Wo ist meine Schlange? Wenn sie nämlich aus der Kiste ausbricht, frisst sie uns alle! Wo ist meine Schlange? *Schwimmt davon.*

DIREKTOR Von einer Seite das Wasser, von der anderen die Schlange. Was tun?

Lepjochin, auf dem Pferd sitzend, kommt geschwommen.

LEPJOCHIN Tprr ... Nnoo ...! Tprr ... Ich sage tprr! He! Was ist passiert?

DIREKTOR Wir sind alle ertrunken!

LEPJOCHIN Was? ... Tprr! ... Was ist los? ... Tprr sage ich! Tprr! *Das Pferd trägt Lepjochin davon.*

DIREKTOR Ich bin also ertrunken. Aber das heißt ja, ich bin tot!

Der Kraftmensch kommt geschwommen, mit den Beinen nach oben.

KRAFTMENSCH Erklären Sie mir, was bedeutet das alles?

DIREKTOR Das bedeutet, dass wir alle ertrunken und tot sind.

KRAFTMENSCH Nichts verstehe ich! *Schwimmt davon.*

DIREKTOR Ich verstehe auch nichts mehr! Wenn ich tot bin, dann kann ich mich nicht mehr bewegen. Also beweg doch mal den Arm. Er bewegt sich! Also beweg doch mal das Bein! Es bewegt sich ebenfalls! Hurra! Also lebe ich noch! ... Aber wie das? ... A-a-a-ah! Ich beginne zu begreifen. Hurra! Ich habe alles begriffen! Wir befinden uns unter Wasser, aber das Wasser kann uns nichts anhaben, weil wir aus Holz sind!

Die Ballerina kommt geschwommen.

BALLERINA Ach! Ach! Ach! Ach! Ich glaube, ich bin untergegangen!
DIREKTOR Ja, wir alle sind untergegangen, aber da wir aus Holz sind, kann uns das Wasser nichts anhaben.
BALLERINA Was für dummes Zeug Sie erzählen. Nein! Nein! Nein! Wieso bin ich aus Holz, wenn ich so hübsch bin!
DIREKTOR Mein Kopf hier ist ebenfalls aus Holz, dafür ist er aber sehr, sehr klug!
BALLERINA Ach! Sehen Sie mal! Was kommt da auf uns zu geschwommen?
DIREKTOR Wo? Das? Oje-oje-oje-oje! Rette sich, wer kann! Das ist die indische Schlange! Sie ist aus der Kiste ausgebrochen, und jetzt wird sie uns alle fressen!
BALLERINA Die Schlange! Hilfe! Hilfe!

Ballerina und Direktor fliehen nach links. Von rechts kommt, zischelnd und sich windend, die Schlange ge-

schwommen. Sie schwimmt nach links. Von rechts kommt der Fakir gelaufen.

FAKIR Wo ist meine Schlange? Wo ist die Schlange? Habt ihr meine Schlange nicht gesehen? Wo ist meine Schlange?

Der Fakir läuft nach links. Von rechts kommt, auf der Kiste sitzend, Vertunov geschwommen.

VERTUNOV Wo ist dieser Chaldäer, oder Fakir, oder wie er immer heißen mag! Der soll mir unterkommen. Den sperre ich selber in die Kiste! Was war ich früher hübsch! Und wonach sehe ich jetzt aus? Was sind das für Beine? Pfui! Ich kann es gar nicht mitansehn! Und der Arm? Pfui! Noch schlimmer als das Bein. Oooh! Wenn ich diesen Fakir erwische! *Schwimmt nach links davon.*

Von rechts kommt, sich windend, die Schlange geschwommen und schwimmt nach links davon. Von rechts Auftritt des Direktors mit Brecheisen.

DIREKTOR Wenn mein Kopf auch aus Holz ist, dafür ist er sehr, sehr klug! Ich habs gefunden, wie wir uns von dem Wasser und der Schlange befreien können! Mit diesem Brecheisen hier schlage ich ein Loch in den Boden, und durch dieses Loch fließt das Wasser in den Keller ab. Dann erschlage ich mit diesem Brecheisen hier die Schlange! Das habe ich mit diesem meinem Holzkopf herausgefunden! Also, ich beginne. *Schlägt mit dem Brecheisen auf den Boden.* Eins ... zwei ... drei ... vier ... fünf ... Hurra! Das Wasser fließt in den Keller! So, und jetzt gehe ich die Schlange suchen.

Vertunov kommt geschwommen.

VERTUNOV Wo ist dieser Fakir? Wenn ich diesen Fakir erwische!

Die Schlange schwimmt auf die Bühne.

VERTUNOV Oh! Was ist das? Doch nicht die Schlange! Oh, Hilfe! Oje-oje-ojemine! *Die Schlange packt Vertunov und schwimmt mit ihm nach oben.*

Die Musik spielt.

Szene »Sinken des Wassers«.
Musik.
Die Bühne ist leer. Auf die Bühne kommt der Fakir gelaufen.

FAKIR Wo ist meine Schlange? Wo ist meine Schlange?

Von oben hört man einen schrecklichen Schrei, und auf die Bühne fällt, von der Schlange umschlungen, Vertunov.

FAKIR Da ist sie! Da ist sie! *Spielt auf der Flöte.*

Die Schlange lässt von Vertunov ab. Der Fakir spielt weiter, und die Schlange kriecht in die Kiste. Vertunov steht auf, rückt die Kleider zurecht und geht auf den Fakir zu.

VERTUNOV Ah! Da bist du!
FAKIR Sie wünschen?
VERTUNOV Bist du der Fakir?
FAKIR Ja, ich bin der Fakir!
VERTUNOV Ist das deine Kiste?
FAKIR Ja, das ist meine Kiste.

VERTUNOV Nach dir hab ich gesucht. Hast du mich in die Kiste gesetzt?

FAKIR Ich verstehe kein Deutsch.

VERTUNOV Das ist gelogen, Freundchen! Eben hast du noch Deutsch gesprochen, und jetzt auf einmal: Verstehe kein Deutsch! In die Kiste mit dir!

FAKIR Oh, ich bin nicht schuld!

VERTUNOV Und wer ist schuld?

FAKIR Der Direktor hat mir befohlen, Sie in die Kiste zu setzen.

VERTUNOV Du lügst doch?

FAKIR Ehrenwort.

VERTUNOV Hm ... Ich gehe mir den Direktor vorknöpfen. *Ab.*

FAKIR Solange Vertunov nach dem Direktor sucht, verdufte ich lieber nach Hause! *Packt die Kiste und will weglaufen, stößt dabei aber auf den Direktor.*

DIREKTOR Wohin so eilig?

FAKIR Ich habe eben die Schlange eingefangen und will sie eiligst nach Hause bringen.

DIREKTOR Und ist die Schlange schon in der Kiste?

FAKIR Ja. Sie hätte Vertunov beinahe erwürgt.

DIREKTOR Wie, Vertunov?

FAKIR Na, sie hatte sich um Vertunov gewickelt und hätte ihn beinahe erwürgt. Da habe ich sie mit der Flöte weggelockt und Vertunov gerettet.

DIREKTOR Aber wozu gerettet! Er ist also immer noch hier!

FAKIR Ja, ja, und er sucht nach Ihnen.

DIREKTOR Vertunov wieder hier! Er wird uns weiter stören! Her mit diesem Vertunov! Dem drehe ich den Hals um!

Der Fakir mit Kiste ab. Auf die Bühne gelaufen kommt Vertunov.

VERTUNOV *sieht den Direktor* Ah, da bist du!

Der Direktor springt beim Anblick Vertunovs hoch und fällt zu Boden.

VERTUNOV Genosse Direktor! Genosse Direktor!

Der Direktor schweigt.

VERTUNOV Was hat er denn?

DIREKTOR *hebt den Kopf* Sind Sie es, Vertunov?

VERTUNOV Das ist es ja! Jetzt kann man mich nicht mal mehr wiedererkennen! Und alles Ihretwegen! Sie haben mich in die Kiste gesteckt! Dort wäre ich beinahe erstickt! Und dann haben mich Ihre Clowns aus der Kiste gezerrt, und sehen Sie, wie sie mich zugerichtet haben! Wonach sehe ich jetzt aus! Und was war ich früher hübsch!

DIREKTOR Jetzt sehen Sie weit interessanter aus! Jetzt sind Sie ein Riese. Sie können vor Publikum auftreten! Wollen Sie auftreten?

VERTUNOV Das mit dem Auftreten kennen wir! Sie wollen mich nur wieder in die Kiste setzen!

DIREKTOR Aber nein! Jetzt können Sie wirklich auftreten. Treten Sie bitte auf!

VERTUNOV Ich will nicht!

DIREKTOR Aber bitte! Ich bitte Sie! Treten Sie auf!

VERTUNOV Wirklich, ich weiß nicht. Ich muss es mir überlegen.

DIREKTOR Also gut, gehen, überlegen Sie es

sich und treten Sie dann auf.

VERTUNOV Gut, ich gehe es mir überlegen.

Geht ab.

DIREKTOR Wunder über Wunder. Was war er für ein mickriger Kerl, und wie interessant sieht er jetzt aus. Ich muss ihn unbedingt überreden aufzutreten. Als nächster tritt auf …

EDITORISCHE NOTIZ

Das Stück erschien erstmals in der russischen Zeitschrift *Sovremennaja dramaturgija* (Zeitgenössische Dramatik), Nr. 1, 1992.
Der Text beruht auf dem Charms'schen Typoskript mit Korrekturen von Daniil Charms und Regiebemerkungen von L. V. Šaporina (1879–1967), der Gründerin und Regisseurin des Leningrader Marionetten-Theaters. 1935 gegründet, bestand dieses Theater unter der Leitung seiner Gründerin etwas mehr als ein Jahr.
Vermerk von L. V. Šaporina auf dem Titelblatt des Typoskripts: »Das Stück abgeliefert in endgültiger Gestalt (ohne den abschließenden Song) am 8. August.« Probenbeginn war der 5. August; Premiere im Oktober 1935.
Übersetzt nach der Ausgabe: D. Charms, *Polnoe sobranie soèinenij* (Vollständige Sammlung der Werke), Band 3: *Proizvedenija dlja detej* (Werke für Kinder), St. Petersburg, Verlag »Akademičeskij proekt«, 1997, Seiten 199–227 und (die im handschriftlichen Nachlass von Charms befindlichen Varianten) Seiten 309–323.
Ein Personenverzeichnis ist nicht überliefert.

CHARMS UND ŠARDAM

Nachwort von
Polina Barskova

1935 war ein verhältnismäßig ruhiges und produktives Jahr für den Dichter Daniil Juvačev, weitaus bekannter unter seinem Pseudonym Charms (einer Mischung aus den englischen Verben »to harm« und »to charm« – ein unwiderstehlicher, abgefeimter Zauberkünstler). Ein weiteres Pseudonym der vielen von ihm erfundenen, geheimnisvollen und komischen Namen lautet Šardam.

Für Charms beziehungsweise Šardam waren die Dreißigerjahre insgesamt dramatisch – genau wie für den ganzen Kreis, den wir heute als »Leningrader Avantgarde« bezeichnen: Auf die phantastische Blüte und Vielfalt in den Zwanzigerjahren, als Dichter, Künstler und Regisseure der kühnsten Strömungen in Leningrad nebeneinander existiert hatten, miteinander befreundet und Co-Autoren waren – folgte nun eine Zeit, die blass und voller Angst war. Übrigens brach sie sukzessive an mit holprigem Gang, ruckartig und im Zickzack.

Bereits in den Zwanzigern hatte die Zusammenarbeit von Charms und seiner »Ansammlung von Freunden«, Aleksandr Vvedenkskij, Nikolaj Olejnikov und Nikolaj Zabolockij, mit den bekannten Kinderzeitschriften *Zeisig* und *Igel* begonnen. In diesem Bereich ihres Schaffens ist der paradoxe Kern des Werkes dieser Dichter verborgen. Kategorisch waren sie keine Schriftsteller für Kinder, keine Kinderdichter; die OBĖRIU-ten (sie selbst nannten ihre Gruppe OBĖRIU: Vereinigung Realer Kunst) konnten, gerade indem sie bei dem Spiel Kinderliteratur mitmachten, ebenjene Verfahren entwickeln und bis auf die Spitze treiben, die es ihnen erlaubten, die wunderlichen Züge und Grenzen ihres erwachsenen eigenständigen und unter keinen Umständen druckbaren Werkes mal in die eine, mal in die andere Richtung erheblich zu dehnen: die Wiederholungen, die

Wortspiele, die unerhörten Abenteuer komischer, unglaublicher Figuren mit ebenso unerhörten Namen. Allerdings lässt sich genauso gut das Gegenteil behaupten: dass die Verfahren, Ideen und Spiele aus der Erwachsenen-Dichtung der OBĖRIU-ten – die stete Bewegung in Richtung des Absurden, das Unterlaufen der Gesetze von Logik sowie Grammatik – in ihr Kinder-Schaffen eindrangen. Allerdings sollten diese beiden Bereiche – einerseits der sichtbare, erfolgreiche und man kann sagen sogar offizielle (ungeachtet der verzweifelten Kritik wachsamer Genossen) und andererseits der nur für den eigenen Leserkreis beziehungsweise einen möglichen hypothetischen Leser bestimmte – einander lange Zeit verschlossen bleiben.

Aus den Zwanzigern stammte der Geist des freien, furchtlosen Spielens, eines vielgestaltig organisierten und gefärbten Lachens sowie ästhetischen Experimentierens. Aus dieser Zeit rührt auch die Leidenschaft für den Zirkus in Charms' Schaffen: Ebendiese Passion hatte viele der waghalsigsten Akteure der frühen sowjetischen Kultur erfasst – mit dem Zirkus sind die Werke der Regisseure Sergej Ėjzenštejn und

Grigorij Kozincev verbunden, Zirkusmotive tauchen in den Gedichten Vladimir Majakovskijs und Osip Mandel'štams auf. Die wunderliche Kombination aus formaler Ordnung (von Figuren, Nummern und Tricks) und einer alternativen Realität – an der Grenze zur Surrealität – war das Anziehende an der Idee des Zirkusspiels mit seinem obligatorisch Grotesken, da sich das Unverbindbare verbindet und das Unmögliche geschieht: Tiger und Löwen ordnen sich den Menschen unter; zersägte Schönheiten entpuppen sich als heil und unversehrt, lächeln weiter und erstrahlen in vollem Glanz, aber das Wichtigste daran ist wohl, was im Gesprächsduell der Clowns passiert, in dem der Weiße und der Rote das verehrte Publikum ewig zum Lachen bringen mit grobem Scherz und falschen Tränen.

Daniil Charms war selbst ein solcher Clown.

Versetzen wir uns ins Leningrad an der Schwelle der Dreißigerjahre: Der große Gelehrte Jurij Tynjanov, bei dem Charms sogar einmal etwas Philologie studiert hatte, notiert am Anfang seines tristen Romans *Der Tod des Wesir-Muchtar*, in diesem Moment »hörten die

Menschen der zwanziger Jahre mit dem beschwingten Gang auf zu existieren. Die Zeit schlug jählings um [...] [Es] traten alsbald seltsam stumme Gesichter in Erscheinung. [...] Wie grauenvoll war das Leben der sich WANDELNDEN, derer aus den zwanziger Jahren, denen das Blut wegfloß!«[1]

In der blutleeren, grauen Großstadt breitete sich bereits die Angst ob der ersten Verhaftungen und Verbannungen aus – zu einer beängstigenden Welle kommt es im Jahr 1934 nach dem merkwürdigen Attentat auf den Staats- und Parteifunktionär Sergej Kirov, das Stalin sehr zupass kam: Tausende »gewesener Leute«[2] und »schädlicher Elemente« wurden aus der Stadt verbannt. Die Stadt war nun eine, in der, wer sich auf die Technik der Mimikry verstand, unversehrt bleiben konnte – wer sich versteckte, mucksmäuschenstill verhielt, sich anpasste und die Uniformierung der Dreißiger überzog –, aber genau das konnte und wollte Charms keinesfalls tun.

Die zahlreichen Memoiren, die viele Jahrzehnte später erschienen, als der Name Charms aus dem Schlummer des Vergessens erwacht war und in Liebe und Ruhm hervortrat, zeugen von dem Entsetzen, der Unruhe, der Fassungslosigkeit, dem Unglauben, aber auch von der Begeisterung der Augenzeugen, wenn auf dem Nevskij-Prospekt der hochgewachsene lange Mensch auftauchte, gekleidet wie die Karikatur eines Engländers beziehungsweise Ausländers; Michail Bulgakovs Roman *Der Meister und Margarita* gibt uns Aufschluss darüber, welche Verwirrung die Gestalt eines Ausländers auf den Boulevards der sowjetischen Hauptstadt ausgelöst haben mochte.

Diese wunderliche Figur konnte einen an Sherlock Holmes erinnern, der sich ohne Weiteres auf Charms reimt und mit einem dicklichen nachdenklichen Dackel an der Leine herumspazierte. Allein aufgrund seiner äußeren Erscheinung passte Charms wunderbar in das Bild des Clowns, der sich quer- und seiner Epoche entgegenstellt, berufen zu unterhalten, zu brüskieren und zu Tränen zu rühren.

Natürlich ist die westliche Leserschaft mit den Eskapaden der Surrealisten und Dadaisten bestens vertraut: Wir erinnern uns beispielsweise an Salvador Dalí, der mit einem

Ameisenbären den Boulevard Raspail entlang flanierte. Allerdings ist es eine Sache, das entspannte, frivole Paris zu frappieren und zu provozieren, und eine völlig andere das sowjetische Leningrad: Spielchen dieser Art bereiteten Charms schließlich den Untergang: einen der schlimmsten Tode des unbarmherzigen sowjetischen Jahrhunderts. Wenig später, 1942, wird er in der psychiatrischen Abteilung des »Kresty«-Gefängnisses verhungern, da er nicht mit dem gewünschten Erfolg den Versuch unternommen hatte, den Großstadtirren zu markieren – das Spiel war viel zu weit gegangen und kostete ihn das Leben.

Doch noch schreiben wir das Jahr 1935 – und Charms ist gerade zurückgekehrt von seiner ersten Verbannung wegen des Verfassens von für die Sowjetmacht überflüssigen und unverständlichen Kinderversen; um ihn und seine Freunde wird die Luft allmählich dicker, es dunkelt bereits, aber noch hält die kurze Verschnaufpause an.

Und nun geschieht etwas, was uns heute wie ein Wunder vorkommt: Charms erhält einen echten Auftrag, er soll ein Stück für ein echtes

Marionettentheater schreiben. Beim Lesen seiner Tagebücher, eines der erstaunlichsten und mutigsten Werke des Dichters, erfahren wir, dass das Wunder für ihn, einen tiefgläubigen Menschen, eine der wichtigsten Kategorien war – Zeit seines Lebens glaubte er, dass es in dem hoffnungslosen Schicksal des unerschrockenen Clowns im sowjetischen zwanzigsten Jahrhundert Wunder und Lichtblicke geben müsse. Bemerkenswerterweise erhielt er den Auftrag für das Stück ausgerechnet von Ljubov' Šaporina, sie wird später ihr Blockadetagebuch schreiben, eines der wahrheitsgetreuesten und eindringlichsten Zeugnisse von der Leningrader Katastrophe, die Charms vernichten sollte.

Im Stück *Zirkus Šardam* kommt die geheimnisvolle Figur Vertunov vor, die den Direktor anfleht, ihn in sein Programm aufzunehmen; der Direktor weigert sich, Vertunov ist dabei ihn zu überreden, doch erst in dem Augenblick, da er von einem Haifisch verschluckt wird und ihn heroisch besiegt, wird der Ärmste aufgenommen in den Zirkus, der um ein Haar untergegangen wäre – in der besten literarischen Tradition Leningrads.

Wie für Charms typisch, setzt er Name, Maske und Figur Vertunov hier nicht zum ersten Mal ein – diese hatte er viele Jahre früher in seinem phantastischen Stück *Die Komödie der Stadt Petersburg* verwendet – ganz am Anfang seiner literarischen Karriere. Man kann sich vorstellen, dass es Charms besonderes Vergnügen bereitet haben muss, in einem Puppentheater die Figur aus einem unter keinen Umständen druckbaren und offiziell unmöglichen Werk auf die Bühne zu bringen, da er so gewissermaßen die sichtbare und unsichtbare Hypostase seines Schaffens miteinander verband.

Welche Gefühle weckte und weckt *Zirkus Šardam* (das Stück wird noch heute in Theatern gespielt)? Verwunderung, Lachen, Mitgefühl und vielleicht sogar einen Verfremdungseffekt? Über die Natur des Komischen bei Charms ist schon viel geschrieben worden – je später in seinem Leben als Künstler, desto hoffnungsloser und trauriger ist dieses Lachen und desto mehr verquickt mit dem Unwahrscheinlichen, Unmöglichen, dem Fremden und Absurden. Es löst beim Leser und Zuschauer nicht so sehr Leichtigkeit und Fröhlichkeit aus als vielmehr

Überraschung ob der Wildheit und Unberechenbarkeit unseres Lebens.

Ein halbes Jahrhundert später ist Charms zu einer der wichtigsten Figuren der russischen oder Leningrader Moderne geworden: Kinder und Erwachsene gleichermaßen kennen seine Gedichte auswendig und erinnern sich an das phantastische, schillernde und tragische Leben eines freien Menschen unter den Bedingungen der Unfreiheit. Es hat ganz den Anschein, als sei das WUNDER geschehen, und Zirkus Šardam macht weiter.

Aus dem Russischen
von Anja Schloßberger

1. Juri Tynjanow, *Der Tod des Wesir-Muchtar.* Historischer Roman, Übersetzung und Nachdichtung: Thomas Reschke, Berlin 1974, hier: S. 15, 18.

2. In den Zwanzigerjahren bezeichnet diese stehende Wendung Menschen, die vor der Revolution zur herrschenden Klasse gehörten und durch die Revolution ihren Status verloren haben. Sie geht zurück auf den Titel einer Erzählung von Maxim Gorki, siehe »Gewesene Leute«, in: *Erzählungen*, aus dem Russischen von Arthur Luther, Berlin 1962; »Gewesene Menschen«, in: Ders: *Gesammelte Erzählungen*, aus dem Russischen von Michael Feofanow, Leipzig 1902; »Die Gewesenen«, in: Ders: *Erzählungen.* Dritter Band, aus dem Russischen von Felix Loesch, Berlin 1954. (Anm. d. Übers.)

Daniil Charms, 1905 als Daniil Iwanowitsch Juwatschow in St. Petersburg geboren, war Gründungsmitglied der avantgardistischen Künstlergruppe OBERIU, die 1930 verboten wurde. Um der Zensur zu entgehen, schrieb er Literatur für Kinder. Nach zwei Verhaftungen starb er 1942 während der Blockade Leningrads in einer Gefängnispsychiatrie. Erst seit der Perestroika wird sein umfangreiches Werk aus dem Nachlass herausgegeben und erfreut sich seither ungebrochener Beliebtheit.

Peter Urban, 1941 in Berlin geboren, war Schriftsteller, Übersetzer und langjähriger Lektor und Verleger. Er erhielt zahlreiche Preise und Auszeichnungen, u. a. den Johann-Heinrich-Voß-Preis sowie den Helmut-M.-Braem-Übersetzerpreis, und war Mitglied der Deutschen Akademie für Sprache und Dichtung. Urban starb 2013 in Weidmoos.

Polina Barskova, 1976 in Leningrad geboren, studierte Klassische Philologie in St. Petersburg und Slawistik in Berkeley, wo sie heute Russische Literatur unterrichtet. Neben ihrem umfangreichen lyrischen Werk widmet sie sich als Literaturwissenschaftlerin und Herausgeberin den Dichtern der Leningrader Blockade.

Zirkus Šardam erscheint als Buch der Friedenauer Presse. Gegründet wurde die Friedenauer Presse 1963 in der Wolff's Bücherei im Berliner Stadtteil Friedenau, dem sie ihren Namen verdankt. Der Verleger Andreas Wolff, Enkel des Petersburger Verlegers M. O. Wolff, veröffentlichte bis 1971 in loser Folge 36 Drucke. Von 1983 bis 2017 wurde der Verlag von Katharina Wagenbach-Wolff geführt, seit 2020 ist die Friedenauer Presse ein Imprint des Verlags Matthes & Seitz Berlin.

FRIEDENAUER PRESSE
Wolffs Broschur

Erste Auflage dieser Ausgabe Berlin 2024

info@matthes-seitz-berlin.de

Zirkus Šardam erschien erstmals 2002 in der Friedenauer Presse als Wolffs Broschur. Das Nachwort von Polina Barskova erscheint erstmals in dieser Ausgabe.

Gestaltet und gesetzt von ciconia ciconia, Berlin.
Die Herstellung besorgte Hermann Zanier, Berlin.
Gedruckt und gebunden von Art-Druk, Szczecin.

ISBN 978-3-7518-8016-9

www.friedenauer-presse.de